N. Exvil

APULEYO EDICIONES   FOMENTO DE VALORES   CUENTOS ILUSTRADOS

Ranrea y Sisoso

aprenden a pronunciar su nombre

APULEYO EDICIONES   FOMENTO DE VALORES   CUENTOS ILUSTRADOS

A Elsa y Zoe, mis luceros y mis pilares, y a Zaira, mi sobri.

Os quiero.

En un reino no muy lejano, vivía una princesa que se llamaba Ranrea. Ella era rubia, de pelo largo y tenía los ojos azules como el mar. Amaba la naturaleza.

La pequeña se sentía muy triste; la pobre princesa tenía un problema. Ranrea no sabía pronunciar su nombre y, al intentarlo, quien la escuchaba se reía.

No sabía pronunciar la letra "R", por lo que cada vez que tenía que decir cualquier cosa con esta letra o no la entendían o se reían de ella, lo que la entristecía mucho.

—¿Por qué mis padres me pusieron un nombre con esa letra? Jamás podré decirlo.

—Pobre princesa —decían algunos por el reino.

«¿Cómo podría reinar si no era capaz de pronunciar su nombre?», se preguntaban otros tantos.

El rey, que se llamaba Sol, era moreno, con el pelo corto de color azabache y piel oscura. Le gustaba vestir de color azul celeste con detalles en morado. Era conocido como el rey amado, porque se preocupaba tanto por el pueblo que todos se sentían parte del mismo.

Este estaba muy preocupado por su hija y por lo que el pueblo decía. No sabía cómo podía ayudarla y eso le quitaba el sueño. Por lo que habló con la reina, buscando en ella consuelo a su preocupación y que le pudiera ayudar a buscar una solución.

La reina, llamada Luna, era rubia como el oro, de piel blanca, tenía unos ojos azules intensos; muchos decían de ella que era un ángel. Su ropa era de color rojo con detalles dorados y blancos, lo que intensificaba su figura. Era muy bella y estilizada. El pueblo la adoraba, pero ella sufría por su hija, aunque no decía nada.

Tras hablar ambos reyes y darse cuenta de que a ambos les preocupaba, en desmedida, la felicidad de su hija...

...decidieron hacer un llamamiento en todos los reinos. Seguro que encontraban a alguien que la pudiera ayudar.

Darían una grata recompensa a aquel que fuera capaz de conseguir que su hija pronunciara su nombre.

Al reino llegaron innumerables personajes, viajeros de otros lares y de múltiples profesiones. Había magos, hechiceros, incluso algún herrero, pillos y truhanes; todos atraídos por el dinero.

Los reyes recibieron uno por uno a todos aquellos viajeros, explicando la situación de su pobre hija. Muchos llegaron, pero igual que llegaron se fueron. Nadie era capaz de ayudar a la princesa Ranrea a pronunciar su nombre.

Un día, paseando por los terrenos cercanos del castillo, un joven se quedó asombrado. Era un castillo espectacular, de grandes torreones y gran decoración, el joven no había escuchado de este lugar ni sabía del problema de su princesa, pero le gustó tanto el paisaje de aquel reino que se sintió atraído por él y tuvo que ir a conocerlo.

Había algo que le atraía de ese castillo. Al llegar, lo recibieron como a tantos otros, pensando que llegaba a por ese botín. El joven, extrañado y maravillado por el recibimiento, se vio ante los monarcas, para su sorpresa.

El rey, preocupado y cansado, le pidió que ayudara a su hija; la reina, desesperanzada, guardaba silencio, con la mirada perdida.

El joven preguntó:

—¿Qué problema la atormenta?

Entonces, la reina se lo explicó y él aceptó. Pero este joven aventurero guardaba un secreto...

Le daban pena la pobre princesa, que era de su edad, y sus pobres padres, que no sabían cómo ayudarla.

Este joven se llamaba Sisoso. Era moreno, con ojos verde aceituna y piel clara. El joven entendía perfectamente a la pobre Ranrea y es que, verán, su secreto es que él tenía el mismo problema; no era capaz de pronunciar su nombre porque no sabía pronunciar la "S". Por eso evitaba todas aquellas palabras con dicha letra, prefería palabras más complejas que tener que decir esa endemoniada letra.

Sisoso entró en la habitación de Ranrea y pidió que lo dejaran solo con ella. La princesa tenía las marcas en la cara de haber llorado. Entonces, él le dijo:

—¿Joven, qué la apena?

Ella, temiendo que se riera por no poder pronunciar, calló y le dio la espalda. Pero él le dijo que no temiera, que él era conocedor de su mal.

Entonces, ella se volvió e intentó decirle:

—Soy Ranrea —pero sonó a un "Anea".

A lo que él le escribió su nombre y le dijo:

—Soy Sisoso y tengo el mismo mal —su nombre sonó como "Ihoho".

Entonces, la princesa lo miró con sorpresa; era cierto, el joven la entendía porque no podía pronunciar su nombre.

Ranrea le propuso un trato, él le enseñaría a pronunciar la "R" y ella le enseñaría a pronunciar la "S".

Y así hicieron. Ranrea se puso a pronunciar la "S", intentando que Sisiso la imitase y él hizo lo mismo con la "R".

Así pasaron varios días, pero ninguno cesaba en su empeño. La princesa pidió a su padre que le permitiera alojarse en palacio el tiempo que fuera necesario y este aceptó.

La princesa empezó a sonreír, se sentía comprendida por Sisoso porque, al fin, alguien sabía lo que le pasaba. Los reyes, al ver a su hija feliz, empezaron a tener la esperanza de que este consiguiera, si no ayudarla a pronunciar su nombre, al menos, ayudarla a recuperar la felicidad.

La vida en palacio empezó a cambiar, comenzó a llegar la felicidad. La gente dejó de murmurar acerca del problema de la princesa y volvió la armonía. Mientras, Ranrea y Sisoso seguían intentando enseñarse, el uno al otro, a decir su nombre.

Un día, una serpiente venenosa se coló por la ventana...

...ninguno se dio cuenta, hasta que esta se dispuso a atacar a la princesa. Sisoso, cuando la vio, intentó con todas sus fuerzas avisar a la princesa gritando: "serpiente". Pero no lo conseguía. Al ver que esta se disponía a atacar, consiguió gritarlo de forma clara: "SSSSSeerrpienteeeeee". La princesa se giró y, al ver al animal, gritó:

—¡¡AAAAAhhhh!! Guarrrrrrdiaaaa —y con esto salió corriendo gritando: —¡¡Corre, corre!! —consiguiendo así pronunciar la "R".

El guardia entró raudo en los aposentos y cazó a este animal.

Los reyes fueron a ver cómo estaban la princesa y el joven. Y Ranrea les dijo a sus padres:

—Qué susto. Esa serpiente me quería morder.

Los reyes le dijeron:

—Ranrea, di tu nombre; acabas de pronunciar la "R".

A lo que ella contestó:

—Soy Ranrea —con una gran pronunciación.

La joven se acercó al chico y le dijo: —Te toca a ti.

—Sisoso, me llamo Sisoso.

Ambos se abrazaron. Habían conseguido lograrlo.

Sisoso no quiso ninguna recompensa por parte de los reyes, pues la mayor recompensa había sido conseguir pronunciar su nombre. Ella le pidió que se quedase en palacio y que fuera su consejero.

Y así vivieron, haciéndose grandes amigos y estando siempre unidos. Y es que, con este susto, ambos consiguieron pronunciar lo que tanto trabajo les costó lograr.

© Noelia Expósito Vilches (de la obra)
©Apuleyo Ediciones (de esta edición)
Primera edición en Apuleyo Ediciones: Mayo 2024
Diseño de cubierta: Sofía Corzo González
Corrección: Aitor Andreu Guerrero
Maquetación: Alejandro Bermejo Cercas
Ilustraciones: Angie Alzate
Coordinación editorial: Isidoro Cidre González
info@apuleyoediciones.com
www.apuleyoediciones.com
ISBN: 978-84-1060-166-6
Depósito legal: H 128-2024

Hecho e impreso en España.

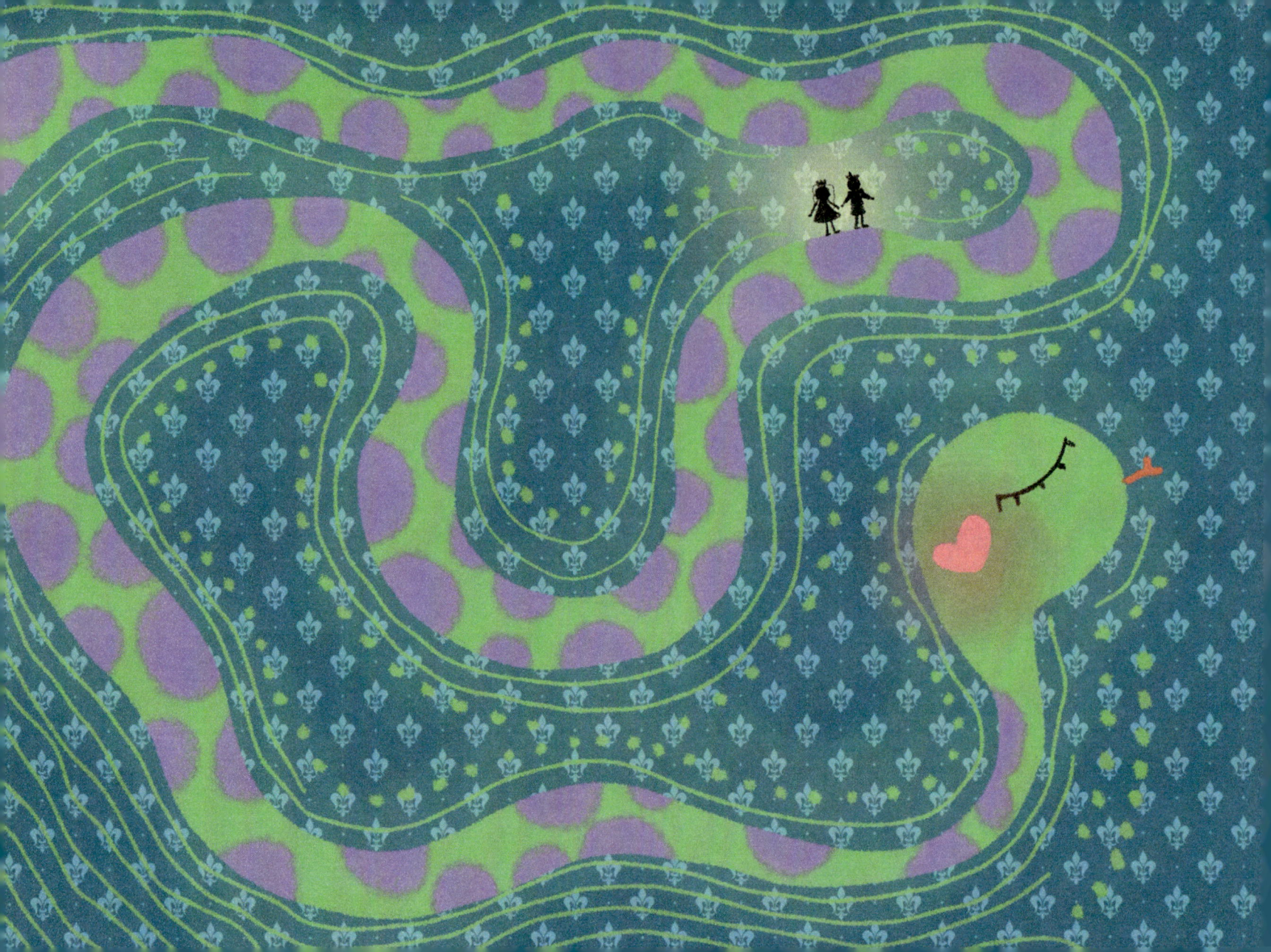